JOÃO USBERCO
Licenciado em Ciências Farmacêuticas pela USP
Professor de Química do Anglo Vestibulares (São Paulo, SP)

EDGARD SALVADOR
Licenciado em Química pela USP
Professor de Química do Anglo Vestibulares (São Paulo, SP)

JOSEPH ELIAS BENABOU
Médico assistente da Faculdade de Medicina da USP
Professor de Química do Anglo Vestibulares (São Paulo, SP)

COLEÇÃO QUÍMICA NO CORPO HUMANO

Química e aparência

A química envolvida na higiene pessoal

Conforme a nova ortografia

3ª edição
Conforme a nova ortografia

Copyright @ 2003 Saraiva Educação Ltda.
Todos os direitos reservados.

Editor: Rogério Gastaldo
Assistente editorial: Kandy Sgarbi Saraiva
Secretária editorial: Andreia Pereira
Preparação de originais: Valéria Jacintho
Coordenadora de revisão: Livia M. Giorgio
Gerente de arte: Nair de Medeiros Barbosa
Supervisão de arte: Vagner Castro dos Santos
Projeto gráfico e capa: Hamilton Olivieri
Imagens de capa: Corbis, Ondrea Barbe/Corbis, Owen Franken/Corbis, Robert Karpa/Masterfile
Diagramação e ilustrações: Christof Gunkel
Assistente de produção: Marcia Alessandra Trindade
Produção gráfica: Rogério Strelciuc
Impressão e acabamento: A. R. Fernandez

Dados Internacionais de Catalogação na Publicação (CIP)
(Câmara Brasileira do Livro, SP, Brasil)

Usberco, João
  Química e aparência / João Usberco, Edgard Salvador, Joseph Elias Benabou. 3. ed. — São Paulo : Saraiva, 2009. — (Coleção Química no Corpo Humano)

  ISBN 978-85-02-07984-7

  1. Cabelos - Cuidados e higiene 2. Dentes - Cuidados e higiene 3. Desodorantes 4. Pele - Cuidados e higiene 5. Química (Ensino médio) 6. Sabão I. Salvador, Edgard. II. Benabou, Joseph Elias. III. Título. IV. Série.

03-6397   CDD-540.7

Índice para catálogo sistemático:
1. Química e higiene pessoal: Estudo e ensino: Ensino médio 540.7

6ª tiragem, 2015

Saraiva Educação Ltda.

Rua Henrique Schaumann, 270 – Pinheiros
CEP: 05413-010 – São Paulo-SP
Todos os direitos reservados

SAC | 0800-0117875
    | De 2ª a 6ª, das 8h30 às 19h30
    | www.editorasaraiva.com.br/contato

200680.003.006

Nenhuma parte desta publicação poderá ser reproduzida por qualquer meio ou forma sem a prévia autorização da Saraiva Educação Ltda.

SUMÁRIO

INTRODUÇÃO
Sabões e sabonetes 7
   Um pouco da história do sabão 7

A QUÍMICA DO SABÃO
Substâncias ácidas e alcalinas 11
Materiais graxos 13
Materiais alcalinos 15
Saponificação 16
Produção de sabões e sabonetes 16
   Produção industrial 17
   Produção artesanal 18
Estrutura dos sabões e detergentes ... 19
Sabão × Detergente 20

CARACTERÍSTICAS E PROPRIEDADES DOS SABÕES
   Produto iônico da água 21
   pH – potencial hidrogeniônico 22
Alcalinidade 23
Diminuição da tensão superficial 24

LIMPEZA COM SABÃO OU DETERGENTE
Ação detergente 26
Caminho do sabão após a lavagem 27

OS TENSOATIVOS E A HIGIENE PESSOAL
A pele 31
   Constituição e anatomia 31
   Tipos de pele 33
   Problemas comuns da pele 33
      Acne 33
      Dermatite seborreica 35
   Cuidados com a pele 37
      Limpeza 37
      Proteção contra agentes externos 38
      Hidratação 41
   Desodorantes 41
   Alterações na pele 43
      Queimaduras 43
      Tatuagens 43
O cabelo 46
   Anatomia 46
   Tipos de cabelos e problemas mais comuns ... 47
   Limpeza 48
      Xampu 48
      Condicionadores 51
   Cor do cabelo 52
      Mudanças na cor dos cabelos 53
   Forma dos cabelos e sua mudança 55
Os dentes 57
   Anatomia 58
   Limpeza 58
Bibliografia 62

INTRODUÇÃO

Bom dia!

Os hábitos de higiene e os cuidados com a aparência física fazem parte da nossa vida.

Uma das primeiras coisas que fazemos ao acordar é lavar o rosto e escovar os dentes.

Para lavar o rosto, normalmente usamos um sabão ou sabonete. Hoje em dia existe à venda uma grande variedade desses produtos, porém sua produção é feita basicamente da mesma forma.

Sabões e sabonetes

Um pouco da história do sabão

A primeira substância utilizada na limpeza pessoal foi a água; porém, ela não é totalmente eficiente para remover vários tipos de sujeira, especialmente as que apresentam alguma oleosidade.

O sabão surgiu ao longo da história da humanidade, gradualmente. Sua produção está baseada nas reações químicas que ocorrem durante a mistura de substâncias alcalinas (com caráter básico) e materiais graxos (óleos e gorduras).

Tanto na cinza da madeira como na do cigarro existem substâncias alcalinas.

Isso pode ser comprovado utilizando-se o indicador fenolftaleína, que adquire coloração rósea quando em meio básico.

Os primeiros registros históricos de um material semelhante ao nosso sabão atual foram encontrados na região da antiga Babilônia. Uma mistura de aspecto pastoso era produzida utilizando-se gordura animal (sebo) e cinzas de madeira.

7

A Babilônia localizava-se na região que corresponde ao atual Iraque, no Oriente Médio.

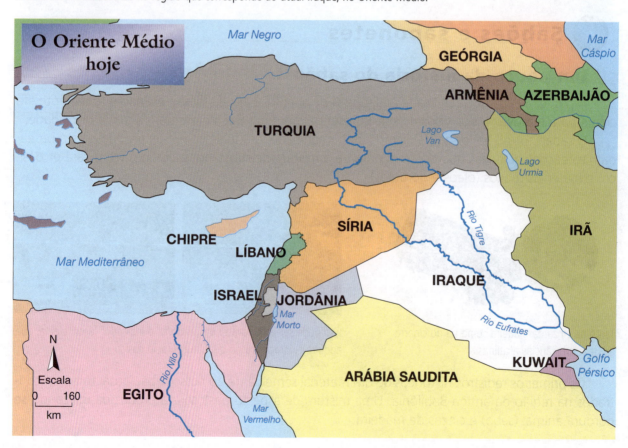

8

Em uma placa de argila similar à da imagem ao lado, de aproximadamente 2800 a.C., foram encontrados os primeiros registros de um material semelhante ao sabão atual.

As cinzas de madeira contêm substâncias alcalinas que são solúveis em água. Outra forma de obtenção do material alcalino era pela vaporização de águas naturalmente alcalinas, como as do rio Nilo, no Egito.

Curiosidades

Embora o sabão de cinza seja bastante antigo, atualmente ainda é produzido, de maneira artesanal, em diversas regiões do Brasil. Isso ocorre devido ao seu baixo custo e à dificuldade de acesso ao alcali (base) mais utilizado na produção de sabão, que é a soda cáustica (NaOH), uma substância altamente corrosiva.

O sabão de cinza é considerado ecológico por não afetar o meio ambiente.

Uma receita tradicional desse tipo de sabão é dada a seguir:

Receita de sabão de cinza

5 kg	de sebo
2,5 kg	de cinzas
5 L	de água
0,5 kg	de soda cáustica

Derreta o sebo em fogo baixo até ficar uniforme. Ferva as cinzas juntamente com a água por 4 horas. Deixe as cinzas assentarem e use somente a água para juntar com o sebo. Mexa bem. Fora do fogo, junte devagar a soda e mexa até dissolver. Coloque em formas.

A cinza tem um alto poder de branquear. Para clarear panos de prato, devemos colocá-los de molho, ensaboados, em um balde com uma "trouxinha" de cinzas. No dia seguinte lave normalmente.

O sabão foi produzido em pequenas quantidades, para uso caseiro, até o século XIII, quando se iniciou sua fabricação em escala industrial.

A produção de sabão é uma das mais antigas atividades realizadas pelo ser humano. Nos séculos XV e XVI, várias cidades europeias – por exemplo, Marselha (França) e Savona (Itália) – tornaram-se centros produtores de sabão. Nessa época, era um produto caro e utilizado apenas por pessoas ricas.

Um grande avanço na produção de sabão ocorreu em 1792, quando o químico francês Nicolas Leblanc (1742-1806) desenvolveu um processo para a fabricação de barrilha (Na_2CO_3), uma substância de caráter básico, de baixo custo, partindo do cloreto de sódio ($NaC\ell$), existente em grande quantidade no sal de cozinha.

Até o início do século XIX, considerava-se que o sabão era apenas uma mistura de gorduras e substâncias básicas. Nessa época, descobriu-se que o sabão era um dos dois produtos formados na reação química entre os materiais graxos e os alcalinos; o outro produto era a glicerina.

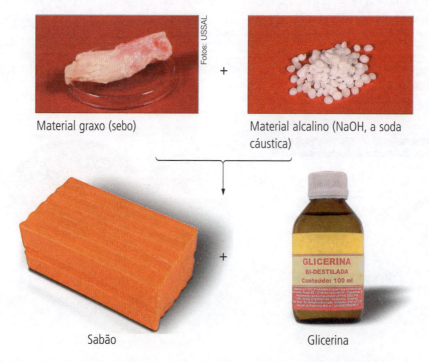

Material graxo (sebo) + Material alcalino (NaOH, a soda cáustica)

Sabão + Glicerina

Por volta de 1878, Harley Procter e James Gamble, nos Estados Unidos, conseguiram produzir um sabão branco, cremoso e delicadamente perfumado: o sabonete.

A QUÍMICA DO SABÃO

Como já vimos, sabões e sabonetes são basicamente iguais e produzidos da mesma maneira: reagindo materiais graxos e substâncias alcalinas. Para entendermos os processos químicos envolvidos na produção de sabão, precisamos conhecer alguns conceitos fundamentais sobre as substâncias que, em água, dão origem a soluções ácidas ou alcalinas (básicas).

Substâncias ácidas e alcalinas

- **Ácidos:** Segundo o conceito elaborado pelo químico sueco Svante August Arrhenius (1859-1927), ganhador do Prêmio Nobel de Química, em 1903, são substâncias que, em solução aquosa, originam H^+ como único tipo de íon positivo (cátion).

Exemplos:

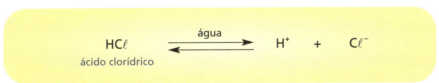

Svante August Arrhenius (1859-1927)

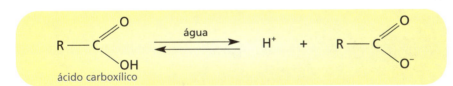

O ácido presente no vinagre é o ácido acético (H_3CCOOH).

- **Bases:** Segundo o conceito de Arrhenius, são substâncias que, em solução aquosa, originam OH^- como único tipo de íon negativo (ânion).

Exemplos:

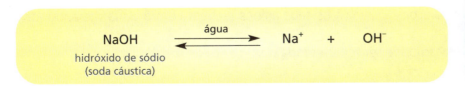

Esse produto apresenta, como um de seus constituintes, a soda cáustica (NaOH).

$$NH_3 + H_2O \rightleftarrows NH_4OH \rightleftarrows NH_4^+ + OH^-$$
amônia — água — hidróxido de amônio — amônio

- **Sais:** Segundo o conceito de Arrhenius, são substâncias que, em solução aquosa, originam pelo menos um cátion diferente de H^+ e pelo menos um ânion diferente de OH^-:

$$NaCl \xrightleftharpoons{\text{água}} Na^+ + Cl^-$$
cloreto de sódio

$$KI \xrightleftharpoons{\text{água}} K^+ + I^-$$
iodeto de potássio

Alguns sais podem reagir com a água, numa reação chamada de hidrólise salina, originando soluções ácidas ou alcalinas (básicas).

Nos sais que originam soluções ácidas, os seus cátions reagem com a água, produzindo íons H^+.

Genericamente, essa reação pode ser representada por:

$$C^+ + HOH \rightleftarrows COH + H^+$$

Por exemplo:

$$NH_4^+ + HOH \rightleftarrows NH_4OH + H^+$$
cátion amônio — hidróxido de amônio

Nos sais que originam soluções alcalinas, os seus ânions reagem com a água, gerando íons OH^-.

Genericamente, essa reação pode ser representada por:

$$A^- + HOH \rightleftarrows HA + OH^-$$

Vejamos alguns exemplos:

$$CO_3^{2-} + HOH \rightleftarrows HCO_3^- + OH^-$$
ânion carbonato → ânion bicarbonato

$$R-COO^- + HOH \rightleftarrows R-COOH + OH^-$$
ânion de ácido carboxílico → ácido carboxílico

Obs.: Os sais de caráter **ácido** são provenientes de um **ácido forte** e de uma **base fraca** e em suas soluções aquosas predominam os íons H⁺.

Os sais de caráter **básico** são provenientes de um **ácido fraco** e de uma **base forte** e em suas soluções aquosas predominam os íons OH⁻.

Vejamos alguns ácidos e bases e suas respectivas forças:

ÁCIDO		BASE	
Forte	**Fraco**	**Forte**	**Fraca**
HCl ácido clorídrico	HCN ácido cianídrico	NaOH hidróxido de sódio	NH₄OH hidróxido de amônio
H₂SO₄ ácido sulfúrico	R-COOH ácido carboxílico	KOH hidróxido de potássio	Mg(OH)₂ hidróxido de magnésio
HNO₃ ácido nítrico	H₂S ácido sulfídrico	Ca(OH)₂ hidróxido de cálcio	Aℓ(OH)₃ hidróxido de alumínio

Materiais graxos

São óleos e gorduras de origem vegetal ou animal.
A tabela a seguir apresenta as origens dos principais óleos e das gorduras:

ORIGEM	GORDURAS	ÓLEOS
Animal	sebo (bovinos) banha (suínos) manteiga (leite)	fígado de bacalhau capivara
Vegetal	gordura de coco manteiga de cacau	caroço de algodão amendoim oliva milho soja girassol dendê

13

A fórmula estrutural de um óleo ou de uma gordura pode ser representada, genericamente, por:

$$R-\underset{\underset{O}{\|}}{C}-O-CH_2$$
$$R-\underset{\underset{O}{\|}}{C}-O-CH$$
$$R-\underset{\underset{O}{\|}}{C}-O-CH_2$$

onde: **R** — corresponde a uma sequência de átomos de carbono (C) e hidrogênio (H), com 11 ou mais átomos de C.

Nessa estrutura, o grupo $-\underset{\underset{O}{\|}}{C}-O-$ caracteriza a função orgânica éster. Portanto, os óleos e as gorduras, em Química, são denominados **triésteres** ou **triglicerídeos**.

Essa estrutura pode ser obtida pela reação entre um ácido graxo e o glicerol.

Ácidos graxos são ácidos carboxílicos de cadeia longa, com 12 ou mais átomos de carbono (geralmente um número par). Apresentam cadeias retas que podem ser saturadas ou insaturadas.

Vejamos alguns exemplos:

SATURADAS	
Nome usual	Fórmula
Ácido láurico	$C_{11}H_{23}-C\underset{OH}{\overset{O}{\nwarrow}}$
Ácido palmítico	$C_{15}H_{31}-C\underset{OH}{\overset{O}{\nwarrow}}$
Ácido esteárico	$C_{17}H_{35}-C\underset{OH}{\overset{O}{\nwarrow}}$

INSATURADAS	
Nome usual	Fórmula
Ácido oleico	$C_{17}H_{33}-C\underset{OH}{\overset{O}{\nwarrow}}$
Ácido linoleico	$C_{17}H_{31}-C\underset{OH}{\overset{O}{\nwarrow}}$

$$3\ R-C\underset{OH}{\overset{O}{\nwarrow}} \ +\ \begin{matrix}HO-CH_2\\ HO-CH\\ HO-CH_2\end{matrix} \ \rightleftarrows\ \begin{matrix}R-\underset{\underset{O}{\|}}{C}-O-CH_2\\ R-\underset{\underset{O}{\|}}{C}-O-CH\\ R-\underset{\underset{O}{\|}}{C}-O-CH_2\end{matrix}\ +\ 3\ H_2O$$

ácido graxo — glicerol — triglicerídeo — água

Um triglicerídeo pode ser um **óleo** ou uma **gordura**.

Quando dois desses grupos **R**, no mínimo, apresentam somente ligações simples entre carbonos (—C—C—), formando cadeia saturada, temos uma gordura.

Já nos óleos, devem existir pelo menos dois grupos **R** com duplas ligações entre carbonos (—C=C—), formando cadeia insaturada.

Então, pode-se concluir, genericamente:

- **Gordura:** predominam radicais (R) de ácidos graxos **saturados**.
- **Óleos:** predominam radicais (R) de ácidos graxos **insaturados**.

gordura

óleo

composição percentual

composição percentual

 Materiais alcalinos

São bases e sais de caráter básico. Vejamos alguns exemplos:

Bases ou hidróxidos
NaOH – hidróxido de sódio = soda cáustica
KOH – hidróxido de potássio = potassa cáustica
$Mg(OH)_2$ – hidróxido de magnésio = leite de magnésia
NH_4OH – hidróxido de amônio = constituinte do amoníaco

15

Sais com caráter básico
Na₂CO₃ – carbonato de sódio = barrilha = soda
NaHCO₃ – bicarbonato de sódio

Essas substâncias, quando dissolvidas em água, originam soluções básicas ou alcalinas.

 ## Saponificação

Saponificação é o nome que se dá à reação utilizada para produzir sabão. A mais comum pode ser representada, genericamente, por:

$$\text{gordura ou óleo (triglicerídeo)} + \text{NaOH}_{(aq)} \text{ (hidróxido de sódio)} \xrightarrow{\Delta} \text{sabão} + \text{glicerol}$$

Um exemplo dessa reação pode ser dado pela equação:

$$\begin{array}{l} C_{17}H_{35}-\overset{O}{\overset{\|}{C}}-O-CH_2 \\ C_{17}H_{35}-\overset{O}{\overset{\|}{C}}-O-CH \\ C_{17}H_{35}-\overset{O}{\overset{\|}{C}}-O-CH_2 \end{array} + 3\,NaOH_{(aq)} \xrightarrow{\Delta} 3\,C_{17}H_{35}-\overset{O}{\overset{\|}{C}}-O^-Na^+ + \begin{array}{l} HO-CH_2 \\ HO-CH \\ HO-CH_2 \end{array}$$

triestearina (gordura)   estearato de sódio, sal de ácido graxo (sabão)   glicerina

Na fabricação de sabonetes, utilizam-se ácidos graxos com maior teor de pureza. Além disso, são adicionadas essências, corantes e substâncias branqueadoras, como o dióxido de titânio.

 ## Produção de sabões e sabonetes

Durante várias gerações, o uso de sabões e sabonetes aumentou continuamente até que a utilização se tornou um hábito essencial para a higiene e a saúde do ser humano.

Um dos critérios que poderia ser utilizado para avaliar o nível de qualidade de vida de uma população é o consumo *per capita* de sabões e sabonetes.

No Brasil, de acordo com a Associação Brasileira da Indústria de Higiene Pessoal e Cosméticos (ABIHPEC), atualmente são consumidas 218 mil toneladas de sabonetes em barra e 48 mil toneladas de sabonetes líquidos por ano. O setor de higiene fechou o ano de 2001 com um faturamento na ordem de R$ 8,5 bilhões.

Produção industrial

O esquema a seguir mostra as etapas da produção de sabão, sabonete e, ainda, de glicerina.

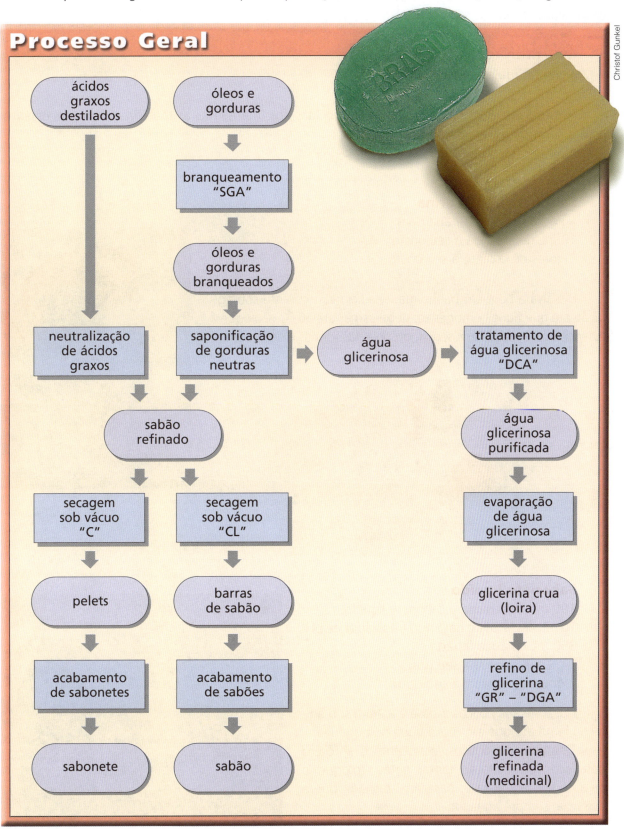

Produção artesanal

Você pode preparar seu próprio sabonete de acordo com receitas que podem ser obtidas em vários *sites* da Internet, tais como:

www.milenio.com.br
www.casadasessencias.com.br

Nesses *sites*, além das receitas, são oferecidas aos internautas as matérias-primas necessárias para a confecção dos sabonetes.
Algumas dessas receitas são dadas a seguir.

Sabonete de glicerina
1 kg de base glicerinada clara
10 mL de essência a seu gosto
2 gotas de corante a seu gosto

Dissolva a base em banho-maria; adicione o corante sob agitação até que fique homogêneo; deixe esfriar até 50 °C. Coloque a essência sob agitação e, a seguir, despeje nas formas e deixe esfriar.

Sabonete líquido
100 mL de base para sabonete líquido
10 mL de anfótero betaínico (regulador de pH)
350 mL de água filtrada
5 mL de essência a seu gosto
2 gotas de corante a seu gosto

Adicione aos poucos a base e a água sob agitação lenta até que a mistura fique homogênea.
Também aos poucos, acrescente o anfótero betaínico sob agitação lenta; então coloque o corante sob agitação e, para finalizar, adicione a essência, sempre agitando.

Sabão líquido para louças
2 L de água
1 sabão caseiro ralado
1 colher (sopa) de óleo de rícino
1 colher (sopa) de açúcar

Ferva todos os ingredientes até que se dissolvam e, em seguida, coloque a mistura em uma garrafa.

Estrutura dos sabões e detergentes

A figura a seguir representa a estrutura típica de um sabão.

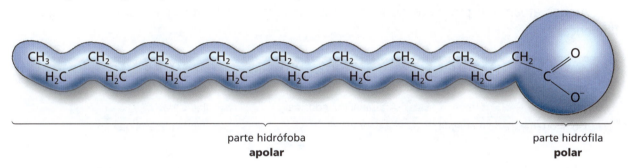

Esquematicamente, essa estrutura pode ser representada por:

A parte apolar do sabão interage com a gordura, enquanto a parte polar interage com a água. Nesse processo, formam-se partículas que se dispersam na água da lavagem e são arrastadas com ela.

Os detergentes também apresentam estruturas semelhantes a essa. Os mais comuns são sais de ácido sulfônico de cadeia longa.

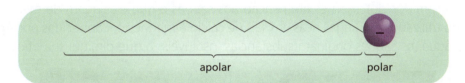

Os detergentes começaram a ser fabricados em escala industrial por volta de 1930, mas foi apenas depois da 2ª Guerra Mundial que ocorreu um grande aumento em seu consumo.

Atualmente, os detergentes são responsáveis por 80% do material usado em limpeza.

O petróleo é a matéria-prima básica usada na sua fabricação, junto ao ácido sulfúrico (H_2SO_4) e à soda cáustica (NaOH).

Oficial britânico inspeciona trabalhadoras alemãs em fábrica de sabão, em 1945.

Sabão × Detergente

Ambos atuam em processos de limpeza de maneira semelhante, mas apresentam algumas diferenças:

CARACTERÍSTICAS	SABÃO	DETERGENTE
Matéria-prima básica	Óleo e gordura	Petróleo
Produção	Artesanal ou industrial	Industrial
Comportamento no ambiente	Biodegradável	Biodegradável ou não
Grupo funcional	$-C{\overset{\displaystyle O}{\underset{\displaystyle O^-Na^+}{\diagup}}}$	Mais comuns: $-SO_3^-Na^+$ $-OSO_3^-Na^+$

Uma vantagem dos detergentes em relação aos sabões é que eles agem de maneira eficiente mesmo quando utilizados em águas ricas em sais de cálcio e magnésio, conhecidas por **água dura**. Nesse tipo de água, os sabões originam substâncias insolúveis, o que diminui sua eficiência.

A água do mar, além de apresentar grande quantidade de cloreto de sódio (NaCl), principal componente do sal de cozinha, contém também sais de cálcio e magnésio. Por isso, não se consegue obter espuma utilizando-se sabão na água do mar.

CARACTERÍSTICAS E PROPRIEDADES DOS SABÕES

Para entendermos algumas das propriedades dos sabões, devemos conhecer alguns conceitos fundamentais: produto iônico da água e pH.

Produto iônico da água

A água origina íons H⁺ e OH⁻:

$$H_2O \rightleftarrows H^+ + OH^-$$

Experimentalmente, verifica-se que na água a 25 °C, a concentração dos íons H⁺ é igual à dos íons OH⁻, e apresentam um valor de 10^{-7} mol/L. Portanto, a água é neutra, isto é, [H⁺] = [OH⁻].

$$H_2O \rightleftarrows \underset{10^{-7}\ mol/L}{H^+} + \underset{10^{-7}\ mol/L}{OH^-}$$

O produto das concentrações iônicas é representado por K_w e apresenta o valor de 10^{-14}, a 25 °C.

$K_w = [H^+] \cdot [OH^-]$
$K_w = (10^{-7}) \cdot (10^{-7})$
$K_w = 10^{-14}$

A constante de ionização da água (K_w), a 25 °C, apresenta esse valor (10^{-14}) tanto para a água pura quanto para soluções aquosas.

21

Nas soluções aquosas, temos:

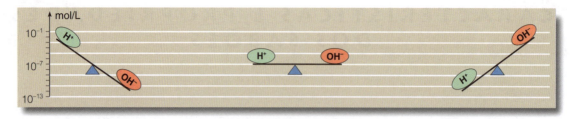

solução ácida
$[H^+] > 10^{-7}$ mol · L^{-1}
$[OH^-] < 10^{-7}$ mol · L^{-1}
$[H^+] > [OH^-]$

solução neutra
$[H^+] = [OH^-] = 10^{-7}$ mol · L^{-1}

solução básica
$[OH^-] > 10^{-7}$ mol · L^{-1}
$[H^+] < 10^{-7}$ mol · L^{-1}
$[OH^-] > [H^+]$

pH – potencial hidrogeniônico

Em 1909, o bioquímico dinamarquês Soren Peter Lauritz Sorensen (1868-1939) propôs um novo método para determinar a acidez ou basicidade de uma solução: o pH.

Em 1901, Sorensen tornara-se diretor do laboratório das empresas Carlsberg. Apesar de seus importantes trabalhos com aminoácidos, proteínas e enzimas, ele ficou mais conhecido como o criador da escala de pH, usada para medir a acidez de uma solução. Ele criou essa escala para facilitar seu trabalho no controle de qualidade de cervejas.

O cálculo do pH é feito pela expressão:

$$pH = -\log[H^+]$$

Na água a 25 °C, temos:

$\begin{cases} [H^+] = 10^{-7} \text{ mol/L} \\ [OH^-] = 10^{-7} \text{ mol/L} \end{cases}$ ⟶ $pH = -\log 10^{-7}$ ⟶ $pH = 7$ (meio neutro)

Um exemplo de solução ácida:

$\begin{cases} [H^+] = 10^{-2} \text{ mol/L} \\ [OH^-] = 10^{-12} \text{ mol/L} \end{cases}$ ⟶ $pH = -\log 10^{-2}$ ⟶ $pH = 2$

Um exemplo de solução alcalina:

$$\begin{cases} [H^+] = 10^{-10} \text{ mol/L} \\ [OH^-] = 10^{-4} \text{ mol/L} \end{cases} \longrightarrow pH = -\log 10^{-10} \longrightarrow pH = 10$$

A escala de pH apresenta normalmente valores que variam de zero a 14. O esquema a seguir mostra uma relação entre os valores de pH e as concentrações de H^+ e OH^- em água, a 25° C.

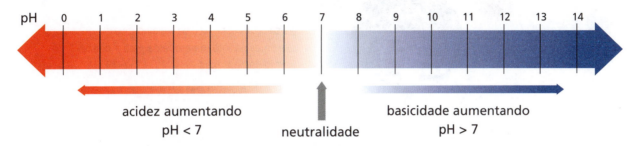

Vejamos alguns exemplos de valores de pH de materiais relacionados ao nosso dia a dia:

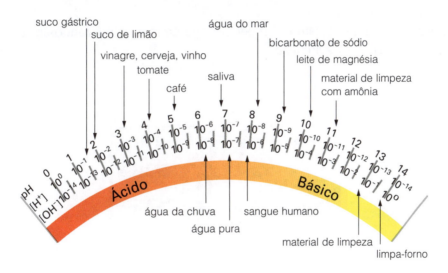

Alcalinidade

Os sabonetes e os sabões, em água, apresentam geralmente pH maior que 7, ou seja, são básicos.

Uma maneira prática de determinar a acidez ou a basicidade de uma solução, sem precisar efetuar o cálculo de pH, consiste em utilizar um **indicador**. Os indicadores são substâncias que mudam de cor na presença de outras substâncias de caráter ácido ou básico.

Um indicador muito comum é o papel de tornassol, que apresenta cor rósea em meio ácido e cor azul em meio básico.

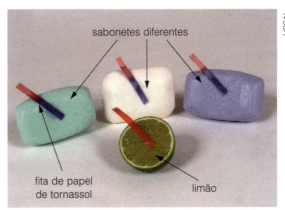

23

Existem vários indicadores ácido-base. Muitos deles são naturais, por exemplo, o suco de repolho roxo, que, em uma solução neutra, apresenta coloração roxa. No entanto, quando o pH da solução muda, sua coloração pode variar do vermelho ao amarelo-claro:

As soluções com suco de repolho roxo presentes na foto (da esquerda para a direita) apresentam pH iguais a 1, 4, 7, 10 e 13, respectivamente.

Diminuição da tensão superficial

Quando utilizamos sabões, estamos também obrigatoriamente utilizando água, que é um veículo importante nos processos de limpeza.

As moléculas que se encontram na superfície de um líquido são atraídas pelas moléculas vizinhas, que estão abaixo ou ao redor delas.

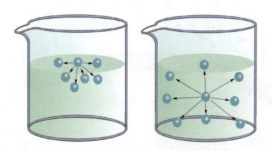

As atrações entre as moléculas na superfície do líquido provocam a contração desse líquido, dando a impressão de existir uma fina película na sua superfície.

Quando colocados na superfície da água, mosquito e agulha parecem repousar sobre uma fina película.

Esse fenômeno, denominado **tensão superficial**, é bastante acentuado em líquidos cujas atrações entre as moléculas são intensas, como é o caso da água.

As substâncias que têm a propriedade de diminuir a interação entre as moléculas de água e, consequentemente, da sua tensão superficial são denominadas **surfactantes** ou **tensoativos**.

Entre os surfactantes mais conhecidos, temos os sabões e os detergentes.

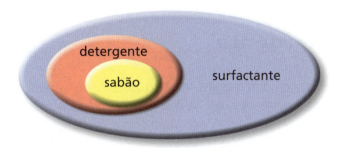

Essas substâncias, ao diminuírem as interações entre as moléculas de água, interagem com ela, favorecendo o processo de lavagem.

Com um experimento muito simples, podemos demonstrar que um surfactante diminui a tensão superficial da água.

1) Béquer com água e uma fina camada de talco na superfície

Por causa da tensão superficial da água, a fina camada de talco flutua na superfície.

Ao adicionarmos à água uma gota de detergente, a tensão superficial diminui...

... e o talco "afunda".

Todos os surfactantes apresentam, em sua estrutura, duas partes:
1. **Parte hidrófoba** (*hidro* = água; *fobos* = aversão): é uma estrutura **apolar**, insolúvel na água, mas solúvel em óleos, gorduras etc.
2. **Parte hidrófila** (*hidro* = água; *filos* = amigo): é uma estrutura **polar**, solúvel em água.

25

LIMPEZA COM SABÃO OU DETERGENTE

Ação detergente

Os sabões, sabonetes e os detergentes facilitam os processos de limpeza devido à sua **ação detergente** (do latim *detergere* = limpar). A água, embora seja um excelente agente de limpeza, nem sempre consegue remover as sujeiras do nosso corpo ou de nossas roupas, quando usada sozinha, pois a nossa pele e as roupas que usamos geralmente estão recobertas por uma fina camada de óleos ou gorduras insolúveis em água. Quando se coloca uma peça de roupa suja em contato com a água, submetendo-a também a agitação, os óleos e as gorduras se dispersam na água na forma de gotículas. Porém, ao cessar a agitação, essas gotículas tendem a se juntar novamente, voltando a recobrir o tecido.

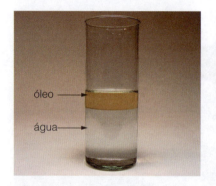  

agitação — repouso

Água e óleo não se dissolvem, porque a água é uma substância polar, enquanto óleos e gorduras são substâncias apolares.

Adicionando-se sabão ou detergente a esse sistema, as partículas de gordura se unem às moléculas do sabão e permanecem em suspensão, sendo removidas junto com a água de lavagem.

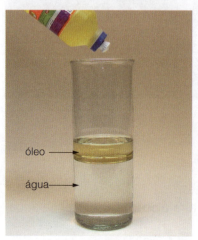  

agitação — repouso

Quando utilizamos sabão ou detergente num processo de lavagem, a parte apolar do sabão se liga à gordura (também apolar), enquanto a parte polar se liga à água (também polar).

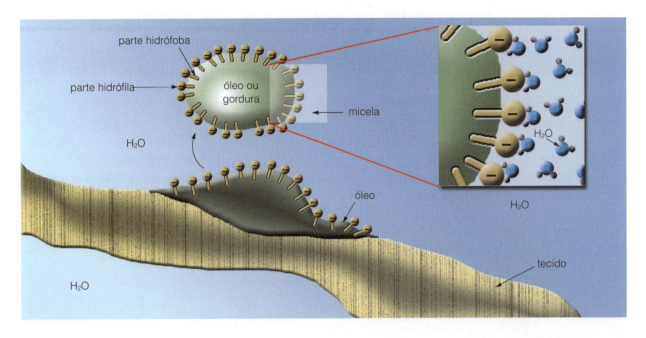

A película de óleo ou gordura existente sobre o tecido ou sobre a pele é quebrada pela ação dos surfactantes, formando partículas (micelas) que não interagem entre si, e são removidas pela água.

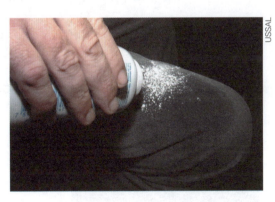

Este procedimento não apresenta nenhuma ação detergente. A adição de talco ou farinha tem por finalidade apenas retirar o excesso de óleo ou gordura, o que irá facilitar uma futura lavagem.

Caminho do sabão após a lavagem

A água usada na lavagem contém sabão (ou sabonetes ou detergentes) e sujeira, sendo escoada pela rede de esgoto até lagos, rios e reservatórios.

Na água, existem micro-organismos que promovem a decomposição dos surfactantes de cadeias retas (não ramificadas). Por esse motivo, esses tipos de surfactantes são denominados **biodegradáveis**, portanto, não causam grandes alterações no ambiente.

27

Todos os sabões e sabonetes são biodegradáveis, assim como os detergentes que apresentam cadeias não ramificadas.

No entanto, os primeiros detergentes produzidos apresentavam, na sua constituição, cadeias ramificadas. Veja um exemplo a seguir:

ou

Esse tipo de cadeia dificilmente era decomposta pelos micro-organismos presentes nas águas de rios e lagos. Por isso, esses detergentes permaneciam inalterados e formavam, com a água em agitação, uma camada de espuma.

Esta camada de espuma dificulta a oxigenação da água, o que provoca a morte de peixes e algas.

O detergente presente na espuma dissolve a camada de cera que impermeabiliza as penas das aves aquáticas, o que dificulta a flutuação.

28

No final da década de 1960, a preocupação com esse tipo de problema ambiental tornou-se mais intensa. Pressionadas pela sociedade civil e forçadas pelas autoridades públicas, por meio de leis, as indústrias começaram a produzir detergentes com cadeias retas, semelhante às dos sabões.

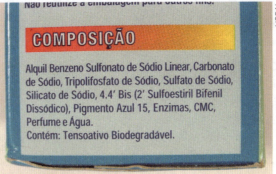

Os detergentes comerciais apresentam vários componentes em sua composição.

Na composição dos detergentes é comum encontrarmos o trifosfato de pentasódio, que apresenta a seguinte estrutura:

$$Na_5^+ \left[O-P(=O)(O)-O-P(=O)(O)-O-P(=O)(O)-O \right]^{-5} = Na_5P_3O_{10}$$

Essa substância ajuda a dispersão da sujeira na água de lavagem. Porém, esse composto acaba originando íons fosfato nos rios e lagos.

$$O^- - P(=O)(O^-) - O^- = \left[O-P(=O)(O)-O \right]^{3-} = PO_4^{3-}$$

O íon fosfato não é em si tóxico nem poluente, mas é essencial como nutriente para o crescimento de plantas, principalmente algas e ervas daninhas. Nas águas de rios e lagos, a quantidade de fosfato normalmente disponível é pequena, o que impede a proliferação desenfreada de algas.

No entanto, o uso intenso de detergentes tem aumentado drasticamente a quantidade de fosfato nas águas, provocando o aumento da velocidade de crescimento e de reprodução das algas. Com isso, o gás oxigênio (O_2) dissolvido na água acaba sendo utilizado também por essas plantas, o que faz com que seu teor na água diminua, provocando graves efeitos sobre a vida dos animais aquáticos, que também se valem do oxigênio na respiração.

Um dos desafios atuais das indústrias de detergentes é a substituição dos fosfatos como ativadores de limpeza.

A proliferação excessiva de algas é denominada eutrofização.

FAÇA SUA PARTE

Podemos contribuir para a diminuição da poluição das águas escolhendo um detergente sintético que contenha estruturas biodegradáveis. Nessa categoria, são atualmente mais comuns os alquilsulfonatos de sódio e os alquilbenzenossulfonatos de sódio. Exemplo: lauril ou dodecilsulfonato de sódio.

Também podemos escolher aqueles que apresentarem os menores teores de fosfato.

OS TENSOATIVOS E A HIGIENE PESSOAL

Os tensoativos estão presentes em vários produtos utilizados na higiene pessoal, por exemplo:

PRODUTO	LOCAL DE AÇÃO
sabonete	pele
xampu	cabelos
creme dental	dentes

A seguir, vamos estudar onde e como esses produtos atuam.

A pele

Constituição e anatomia

A pele é o maior órgão do corpo humano e merece cuidados especiais. Ela apresenta funções importantes, como:

1. Revestir o organismo, isolando os órgãos internos do meio externo e servindo de obstáculo a radiações ultravioletas.
2. Fornecer proteção imunológica ao organismo, principalmente contra fungos e bactérias.
3. Regular a temperatura do corpo.
4. Proporcionar sensibilidade tátil e térmica.
5. Produzir secreções, como suor e sebo (gordura).

A pele apresenta três camadas:

1. **Epiderme:** é a camada mais fina e superficial (externa).
2. **Derme:** é a camada intermediária, onde encontramos os vasos sanguíneos, as terminações nervosas, as glândulas sudoríparas, as glândulas sebáceas, os folículos pilosos e os músculos da pele.
3. **Hipoderme:** é a camada mais profunda, formada por tecido adiposo (gordura).

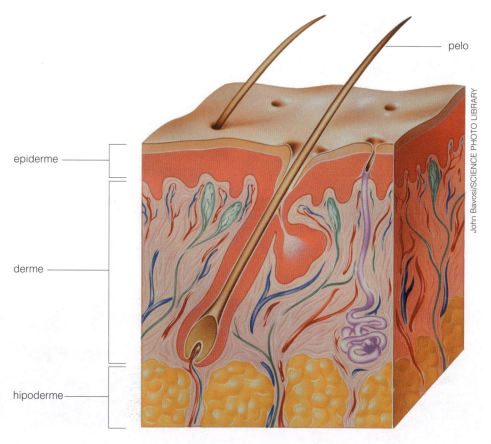

No esquema, as três camadas da pele, com seus principais elementos.

Vamos centrar nosso estudo nas principais estruturas da pele, que estão presentes na camada intermediária, a derme.

1. **Glândulas sebáceas:** São responsáveis por secretar o sebo, que origina a oleosidade natural da pele. Embora as funções do sebo, para o corpo humano, não sejam completamente conhecidas, admite-se que ele ajuda a evitar a perda excessiva de água, forma uma barreira de proteção contra fungos e bactérias e, também, que seja o precursor da vitamina D (importante para o crescimento e a calcificação dos ossos).

2. **Glândulas sudoríparas:** São responsáveis pela eliminação do suor. São classificadas em écrinas e apócrinas. As **glândulas écrinas** encontram-se em quase toda a extensão da pele, mas existem em maior quantidade nas plantas dos pés, nas palmas das mãos e nas axilas. A secreção que esse tipo de glândula produz é incolor e inodora, apresentando grande quantidade de água. Nessa secreção encontram-se cloreto de sódio, ureia, sais de ferro e de potássio, em menor quantidade. As **glândulas apócrinas** desembocam, na maioria das vezes, no folículo piloso. Sua secreção apresenta aspecto leitoso e contém proteína, ácidos graxos, açúcares e amônio.

3. **Pelos:** São estruturas em forma de fios que contêm queratina, uma proteína fabricada pelas células da pele. Junto com as glândulas sebáceas, formam o conjunto denominado **aparelho pilossebáceo**. Os pelos desempenham função importante na proteção e na redução do atrito e contribuem também na sensibilidade da pele.

Tipos de pele

1. Pele normal: Apresenta um aspecto saudável e nenhuma sensação de desconforto.

2. Pele seca: Apresenta aspecto ressecado e pode sofrer rachaduras. Normalmente, a sensação é de aspereza e estiramento. Esse tipo de pele pode ser uma característica da pessoa ou consequência de uma pele normal ou oleosa que foi submetida a alguma agressão externa, como agentes químicos (detergentes e solventes), radiação solar, frio ou calor excessivos.

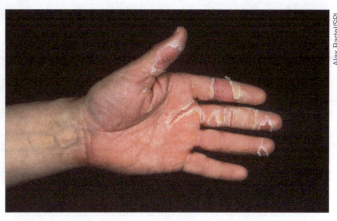

O uso excessivo de detergentes, durante a limpeza da casa, pode ressecar a pele, provocando uma dermatite (processo inflamatório), que pode causar feridas nas mãos e muito desconforto.

3. Pele oleosa: Apresenta aspecto brilhante por causa da maior produção de sebo, o que ocorre com mais frequência na puberdade e em adultos jovens. A pele da testa, do nariz e do tórax pode se apresentar mais oleosa devido a uma quantidade maior de glândulas sebáceas nessas partes do corpo. Esse tipo de pele está associada à acne e à dermatite seborreica.

Problemas comuns da pele

Acne

A ocorrência da acne se inicia, geralmente, na puberdade, por causa da ação de hormônios. É um dos problemas mais comuns nessa idade.

Acne é uma afecção da pele conhecida popularmente como cravos e espinhas. É causada pela obstrução do folículo pilossebáceo, devido ao aumento da produção de sebo pelas glândulas sebáceas e do número de células na parte interna do canal pilossebáceo.

O acúmulo de sebo, o aumento de células e, ainda, de queratina originam o **comedão**.

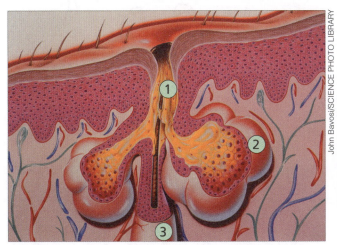

Ilustração de uma seção de pele humana com acne:
① canal pilossebáceo; ② glândula sebácea; ③ folículo piloso

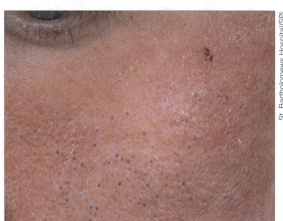

Uma das formas de comedão pode apresentar um ponto preto, conhecido por **cravo**: a cor preta se deve à presença de melanina.

33

Comumente, encontramos bactérias associadas ao comedão, que podem causar um processo inflamatório e infeccioso. Como resultado dos mecanismos de defesa do organismo, surgem as pústulas, conhecidas por **espinhas**, e os abcessos. A bactéria mais comum é a *Propionibacterium acne*.

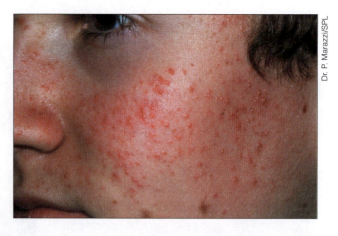

A ilustração mostra regiões da face onde é mais comum o aparecimento da acne, que também pode surgir, em menor grau, nos ombros, nas espádulas e no tronco.

A acne é uma doença de origem genética e hormonal. Ela começa na puberdade, quando ocorre um aumento na produção de hormônios sexuais (os andrógenos) e na quantidade de micro-organismos da face.

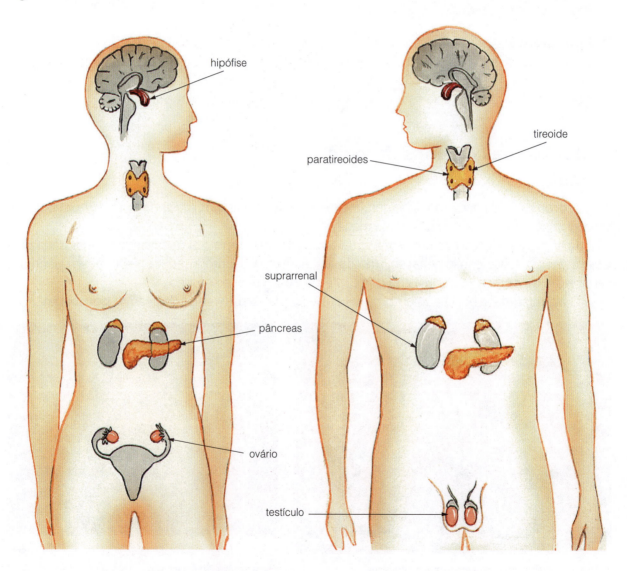

Os andrógenos (hormônios sexuais) são produzidos pelas glândulas suprarrenais, testículos (no homem) e ovários (na mulher).

34

O surgimento da acne pode fazer com que o adolescente se sinta frustrado e infeliz com sua aparência, dificultando o seu relacionamento social, de extrema importância nessa fase da vida.

Existem alguns fatores que favorecem o aparecimento da acne, por exemplo:

- cosméticos pastosos;
- sabonete em excesso;
- tensão pré-menstrual;
- tensão emocional;
- exposição excessiva ao sol.

A acne está cercada de mitos que nem sempre correspondem à realidade.

Mito × realidade

MITO	REALIDADE
Chocolate e outros alimentos provocam espinhas.	Algumas pessoas associam o aparecimento de acne à ingestão de determinados alimentos. Entretanto, não existe comprovação científica para isso.
Lavar o rosto várias vezes ao dia ajuda a evitar a acne.	Pelo contrário, lavar o rosto várias vezes **não** ajuda a evitar a acne. Isso pode, inclusive, provocar aumento da oleosidade da pele.
Acne é contagiosa.	Apesar de ser uma infecção, a acne não é contagiosa.
Cravos pretos indicam sujeira e falta de higiene.	O escurecimento é provocado pela presença de melanina.
Espremer as espinhas ajuda a eliminar a inflamação.	Pelo contrário, espremer pode ajudar a disseminar a inflamação e pode lesar a pele, provocando cicatrizes.
Anticoncepcional faz piorar e aumentar a acne.	Dependendo do anticoncepcional pode haver melhora do quadro.
Masturbação provoca acne.	Não existe nenhuma relação entre masturbação e acne.
Menstruação provoca acne.	Pela influência dos hormônios relacionados ao ciclo menstrual, pode haver uma piora da acne nos dias anteriores à menstruação.
O sol piora/melhora a acne.	Apesar de ter algum efeito cicatrizante, o sol pode provocar maior produção de sebo, aumentando a acne. Além disso, o sol é a principal causa de envelhecimento e câncer de pele.
Cicatrizes de acne não têm cura.	Existem, atualmente, vários recursos para o tratamento de cicatrizes de acne. Os procedimentos devem ser realizados por um médico dermatologista experiente e algumas vezes são necessárias várias etapas de tratamento para um resultado satisfatório.

(Adaptado do *site* http://www.acne.com.br/cuidado/cuid_princ.htm, em 04/09/2002.)

Dermatite seborreica

É caracterizada pela formação de escamas gordurosas na pele, que se descolam, provocando uma irritação local, coceira e, muitas vezes, infecções. Pode ocorrer no lactente e em adultos.

Os locais mais frequentes para seu aparecimento são as sobrancelhas, o couro cabeludo e as laterais do nariz. Quando ocorre no couro cabeludo recebe o nome popular de **caspa**.

A causa exata é desconhecida, mas já se sabe que a dermatite seborreica está associada à presença de fungos, ao uso de produtos químicos (detergentes, xampus, sabonetes) e a fatores emocionais (principalmente, estresse).

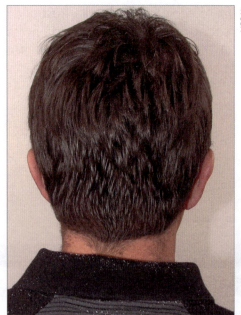

No convívio social, a caspa pode causar situações desagradáveis, pois está associada a falta de cuidado pessoal e higiene. Quando utilizamos roupas escuras, torna-se mais evidente.

Curiosidades

Mas que cheiro de chulé!

O mau cheiro nos pés, conhecido popularmente como **chulé**, é algo bem desagradável. Seu nome científico é **bromidrose** (do grego *bromus* = cheiro ruim e *hidros* = água). Esse mau cheiro é provocado pela proliferação de bactérias ou fungos em um ambiente quente e úmido. As bactérias metabolizam os componentes do suor, produzido pelos pés, e dão origem a compostos que apresentam odor desagradável, por exemplo: ácido butírico ($H_3CCH_2CH_2COOH$), metanotiol (H_3C-SH), amônia (NH_3),

butanodiona ($H_3C-\underset{\underset{O}{\|}}{C}-\underset{\underset{O}{\|}}{C}-CH_3$), etc.

O tratamento mais eficaz consiste em lavar bem os pés, principalmente entre os dedos, com sabonetes antibacterianos e fungicidas; a seguir, deve-se enxugar muito bem. Existem, no mercado, talcos antissépticos que complementam o tratamento, pois além de manter os pés mais secos também possuem substâncias que matam as bactérias.

Para evitar o aparecimento do chulé é necessário andar descalço o maior tempo possível, todos os dias.

É muito comum o aparecimento de chulé em pessoas que usam calçados fechados, que dificultam a eliminação do suor.

Cuidados com a pele

Para manter a pele saudável, deve haver um equilíbrio entre limpeza, proteção contra agentes externos e hidratação.

Limpeza

A pele normalmente é recoberta por células mortas, bactérias, produtos eliminados pelas glândulas sebáceas e sudoríparas e, naturalmente, sujeira.

As bactérias existentes na pele degradam componentes das secreções, dando origem a substâncias de odor desagradável, entre elas, ácidos graxos de baixa massa molar.

A sensação de bem-estar que sentimos quando tomamos banho está associada à remoção de parte da gordura e das outras substâncias existentes na superfície da pele.

Durante o banho, eliminamos parte das substâncias que recobrem a pele.

A glicerina e outras substâncias oleosas adicionadas aos sabonetes têm a função de repor parte da oleosidade natural da pele.

Parte dessa camada oleosa é retirada mecanicamente, com o auxílio de um sabonete durante o banho. Esse processo é semelhante à ação dos sabões na remoção das gorduras presentes em um tecido.

O sabonete deve ser usado com moderação. Uma consequência de seu uso excessivo é a retirada de grande parte da camada gordurosa, o que pode tornar a pele seca, causando uma sensação de desconforto. Por isso, na produção de sabonetes de melhor qualidade são acrescentadas substâncias oleosas e hidratantes, como a glicerina.

Outra consequência do uso excessivo de sabonete é a alteração do pH natural da pele, cujo valor médio é 5,5.

Em regiões do corpo distintas, a pele apresenta valores de pH diferentes:

Testa, palma das mãos, planta dos pés ———————— 3,8 – 5,6
Axilas e região dos genitais ———————————————— 6,2 – 6,9

37

Como a maioria dos sabonetes em barra apresenta pH em torno de 10,5, sua utilização eleva o pH da pele, o que favorece a proliferação de bactérias na superfície da pele. Isso pode ser evitado com o uso de sabonetes líquidos cujo pH é ajustado para o neutro (pH = 7) ou mantido próximo ao pH da pele (fisiológico).

Assim, os sabonetes com pH neutro ou fisiológico são os mais adequados para manter a pele limpa, hidratada e lubrificada.

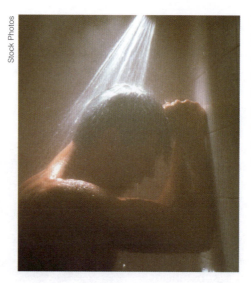

Devemos evitar muitos banhos num mesmo dia, principalmente com água muito quente, que aumenta a retirada de parte da camada oleosa da pele, deixando-a ainda mais desprotegida e seca.

Sol é bom, mas não em excesso.

Proteção contra agentes externos

Naturalmente, com o envelhecimento, ocorrem alterações na pele, por exemplo, redução na sua espessura por diminuição na quantidade de colágeno (proteína estrutural).

Esse processo de envelhecimento da pele pode ser acelerado por fatores externos, em particular, as radiações solares ultravioleta (UV), as principais responsáveis pelo aparecimento de rugas.

Os raios UV não fazem parte do espectro visível, isto é, são invisíveis. Eles são classificados em UVA, UVB e UVC, de acordo com seu comprimento de onda.

As ações dos raios UVA e UVB mais estudadas são: envelhecimento precoce da pele e câncer de pele. Seus efeitos são acumulativos.

A sensibilidade aos raios UV depende do tipo de pele, de acordo com o quadro a seguir:

TIPO	COR	SENSIBILIDADE	REAÇÃO
I	Branca-clara	Muito sensível	Sempre queima, nunca pigmenta
II	Branca	Muito sensível	Sempre queima, pigmenta pouco
III	Morena-clara	Sensível	Queima e pigmenta moderadamente
IV	Morena-escura	Pouco sensível	Queima pouco, sempre pigmenta
V	Parda	Pouquíssimo sensível	Nunca queima, sempre pigmenta
VI	Negra	Insensível	Nunca queima, sempre pigmenta

Fonte: Dermatologia Sampaio

A luz solar se propaga no espaço em ondas eletromagnéticas.

No nosso dia a dia, lidamos com vários tipos de ondas eletromagnéticas, de diferentes comprimentos. Algumas dessas ondas são claramente percebidas pelos nossos sentidos, como a visão. Todas elas, porém, perceptíveis ou não, exercem influência sobre os seres vivos. O esquema a seguir, chamado de **espectro eletromagnético**, mostra os diferentes tipos de ondas eletromagnéticas em função de seus comprimentos de onda.

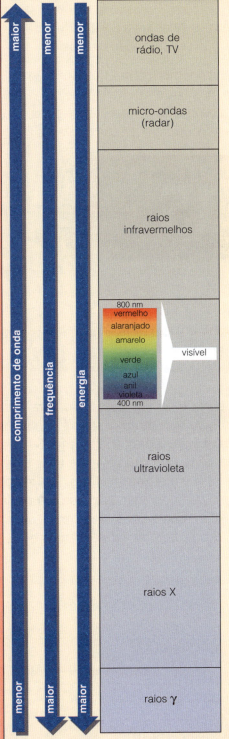

- **Raios hertzianos:** essa forma de radiação apresenta baixa energia e sua recepção e transmissão são feitas por antenas. Nessa faixa de radiação estão incluídas as ondas de rádio AM e FM e ainda as ondas de TV.

- **Micro-ondas:** esse tipo de radiação provoca um aumento da agitação das moléculas de água, o que acarreta o aquecimento dos alimentos.

- **Raios infravermelhos:** esse tipo de radiação é emitida, por exemplo, por objetos quentes. As chamadas lâmpadas de infravermelho são utilizadas para ativar a circulação sanguínea e para diminuir processos inflamatórios. As fotos obtidas por câmera sensível ao infravermelho mostram áreas mais quentes em amarelo e laranja.

- **Radiação visível:** é a faixa de radiação que nos permite enxergar o mundo que nos cerca. A decomposição da radiação visível nos mostra que ela é constituída por sete cores: violeta, anil, azul, verde, amarelo, alaranjado e vermelho.

- **Raios ultravioleta:** é um tipo de radiação proveniente do Sol, retida em parte pela camada de ozônio. A exposição a essa forma de radiação provoca o escurecimento da pele (bronzeamento) e, em excesso, até queimaduras.

- **Raios X:** radiação de alta energia que tem a capacidade de penetrar nos organismos, atravessando os tecidos de menor densidade e sendo absorvida pelas partes densas do corpo, tais como dentes e ossos. A exposição prolongada a esse tipo de radiação relativamente comum pode levar à formação de células cancerígenas.

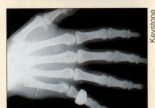

- **Raios gama:** é uma forma de radiação altamente enérgica, emitida a partir do núcleo de elementos radioativos.

39

No Brasil, cultua-se o banho de sol, pois os padrões estéticos atualmente valorizam a pele morena ("queimada do sol"). Porém, paga-se um preço muito alto por esse "ideal de beleza", com riscos desnecessários, devido à falta de cuidado das pessoas, principalmente no verão. A Sociedade Brasileira de Dermatologia está insistindo em campanhas de conscientização, estimulando o uso de protetores solares e orientando para que seja reduzido o tempo de exposição ao sol.

A fim de evitar os efeitos nocivos dos raios UV, utilizam-se os protetores solares, que apresentam dois tipos de filtros para esses raios:

- **Filtros mecânicos:** absorvem e, principalmente, refletem os raios ultravioleta. Nesses filtros, utiliza-se o óxido de titânio (TiO_2), que é bem tolerado por não ser absorvido pela pele.

- **Filtros químicos:** absorvem os raios UVA e UVB. Até pouco tempo, o mais usado era o PABA (ácido para-aminobenzóico) e seus derivados, por serem os mais eficientes no bloqueio das radiações UV. Atualmente, devido a sua potencial toxicidade e à produção de reações alérgicas, estão sendo substituídos por derivados do ácido cinâmico e pela benzofenona e seus derivados.

Muitas crianças desenvolvem processos alérgicos quando utilizam os protetores solares comuns. Nesses casos, recomenda-se o uso de protetores que apresentem, como principal componente, o óxido de titânio.

Esses protetores permitem que as pessoas fiquem expostas ao sol por um tempo maior sem sofrer queimaduras.

A relação entre o tempo necessário para evitar queimaduras com ou sem protetor solar é denominada **fator de proteção solar** (FPS). Um FPS 4 indica que a pessoa pode ficar quatro vezes mais tempo exposta ao sol, sem sofrer queimaduras, em relação ao tempo que poderia ficar sem usar o protetor solar. Os valores de FPS considerados ideais para o bom funcionamento dos protetores solares variam entre 2 e 30.

O tempo de permanência do protetor pode ser reduzido pela prática de exercícios físicos, pela transpiração e pelo contato com a água. Por esse motivo a sua reposição deve ser periódica. Também pode ser aumentado pelo uso de óleos na formulação do protetor solar.

Hidratação

Os produtos que se destinam à hidratação da pele são denominados **umectantes**, e são os responsáveis pela retenção de água na pele, evitando sua perda excessiva.

Muitos dos produtos umectantes apresentam, na sua composição, os grupos hidroxilas (—OH), que interagem com a água através de ligações intermoleculares do tipo **pontes de hidrogênio** (ligações de hidrogênio).

Um dos umectantes mais utilizados é a glicerina (H$_2$C — CH — CH$_2$), e as interações com a
                                                                           OH OH   OH

água podem ser representadas por:

Outra substância umectante é o colágeno, muito utilizado em cosméticos.

Os produtos hidratantes devem ser utilizados para reestabelecer a umidade natural da pele, sempre que ela estiver seca ou após exposição prolongada ao sol.

Desodorantes

A transpiração (suor) é uma função normal do nosso organismo. Sua finalidade consiste em regular a temperatura do corpo e eliminar metabólitos, que são secretados basicamente pelas glândulas écrinas e apócrinas.

No suor, encontramos água, cloreto de sódio, ácidos carboxílicos de baixa massa molar, ureia, sais de ferro, potássio e amônio, entre outros componentes.

Estímulos emocionais, como medo, dor, ansiedade, provocam um aumento na produção de suor, principalmente nas palmas das mãos e nas plantas dos pés. Esse suor, porém, não apresenta odor.

O suor que é eliminado pelas glândulas sudoríparas normalmente é isento de odor. Porém, em contato com bactérias que vivem na superfície da pele, pode ocorrer a produção de ácidos butírico, capróico e outros, associados a aminas e mercaptanas. Essas substâncias dão origem ao odor desagradável que recebe o nome de **bromidrose**.

O suor das crianças não apresenta odor desagradável, pois as glândulas apócrinas só se desenvolvem no início da puberdade, o que ocorre por volta dos 12 anos de idade.

A melhor maneira de eliminar o odor do corpo consiste não só em tomar banho com sabões e sabonetes, mas também podemos utilizar produtos que mascaram ou impedem o suor. Para isso, existem dois tipos distintos de produtos: os desodorantes e os antiperspirantes.

Os desodorantes são produtos que agem no controle das bactérias que causam odor, mascarando o cheiro. A maioria dos desodorantes contém, como componente ativo, o triclosan, que inibe o crescimento das bactérias (bacteriostático), cuja fórmula pode ser representada por:

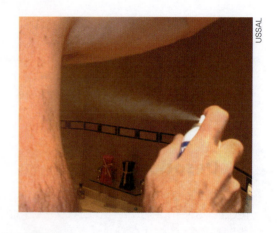

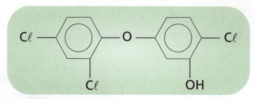

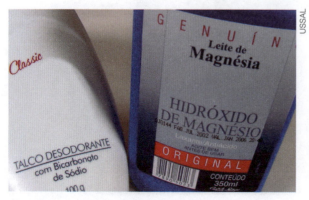

Os desodorantes podem apresentar outros componentes, por exemplo, álcool etílico e essências.

As bactérias responsáveis pelo odor desagradável do suor se desenvolvem em meio ácido. Quando utilizamos substâncias de caráter básico, como o hidróxido de magnésio [$Mg(OH)_2$], presente no leite de magnésia, ou o bicarbonato de sódio ($NaHCO_3$), presente no talco desodorante, estamos tornando o meio básico, o que irá provocar a morte das bactérias.

Os antiperspirantes funcionam como inibidores da transpiração e mantêm o corpo relativamente seco. O componente ativo mais comum desses produtos é o cloridrato de alumínio [$A\ell_2(OH)_5C\ell$]. Esse sal libera íons $A\ell^{3+}$ que coagulam proteínas, formando estruturas bloqueadoras do canal de saída das glândulas sudoríparas.

Essa substância também torna o meio básico, o que provoca a morte de bactérias que causam o odor desagradável no suor.

O uso de antiperspirante pode ser perigoso?

Um ramo da Medicina, conhecido por Medicina Ortomolecular, sugere que o alumínio presente no antiperspirante pode ser absorvido pelo organismo e se acumular. Esse acúmulo poderia aumentar a incidência do câncer de mama e ainda do mal de Alzheimer.

Alterações na pele

Queimaduras

As queimaduras correspondem a uma destruição parcial ou total da pele, devido a agentes físicos como: temperaturas elevadas ou abaixo de 0 °C, agentes químicos ou até por ação de corrente elétrica excessiva.

São classificadas de acordo com a camada da pele que atingem:

- **1º grau:** Quando há comprometimento apenas da epiderme, a camada mais superficial. Um exemplo desse tipo de queimadura ocorre quando ficamos expostos à luz solar. No local da queimadura, a pele fica vermelha e dolorida. Geralmente, após 5 a 10 dias a pele descama e não fica cicatriz no local.

- **2º grau:** Quando há comprometimento da epiderme e de parte da derme, a camada intermediária. Por exemplo, quando cai água ou óleo fervendo durante o preparo dos alimentos. No local queimado, forma-se uma bolha, e a pele pode demorar de 10 a 35 dias para se regenerar, dependendo da parte da derme que foi lesada. Normalmente não fica cicatriz.

- **3º grau:** Quando há comprometimento da epiderme, da derme e da hipoderme, a camada mais profunda. Dependendo da extensão da pele afetada, a situação é muito grave e o processo de cura forma cicatrizes. Quando esse tipo de queimadura ocorre nas regiões de articulações, pode causar limitação dos movimentos, devido à retração da pele nas cicatrizes.

Tatuagens

Até alguns anos atrás, era grande a discriminação em relação às pessoas que se tatuavam, pois eram rotuladas como marginais. Embora isso ainda ocorra, as tatuagens atualmente são vistas com maior naturalidade. O preconceito é mais acentuado em ambientes de trabalho.

As tatuagens são entendidas, em vários grupos sociais, como formas de comunicação não-verbal. Veja os exemplos.

- Como forma de identificação dos membros de um mesmo grupo (tribo ou sociedade).

Os membros da máfia japonesa (conhecida por Yakuza) utilizam-se de tatuagens para se identificar e indicar sua lealdade ao grupo.

- Como forma de apelo erótico.

Muitas pessoas consideram que tatuagens em regiões erógenas têm forte apelo sexual.

- Como forma de expressar um gosto pessoal.

Muitas pessoas se tatuam como forma de protesto, para expressar seus gostos e crenças ou, ainda, por modismo.

Tipos de tatuagens

- **Temporárias:** Normalmente são feitas utilizando-se uma substância conhecida por **hena** (*Henna lausonia inermes*), uma planta encontrada originalmente na Índia e em países do Oriente Médio. A coloração natural da hena é marrom ou ferrugem, e ela não é tóxica. Para que a hena apresente outras colorações — por exemplo, preta —, ela recebe a adição de carbono ou de alguma substância contendo chumbo e mercúrio. Esse tipo de hena pode ser nocivo.

Esse tipo de tatuagem desaparece após algumas lavagens. É feita por pessoas que não querem ter o desenho gravado para sempre na pele.

- **Definitivas:** A técnica utilizada nessa forma de tatuagem consiste em introduzir na derme, com o auxílio de agulhas, pigmentos coloridos, que ficam retidos nas células da derme de maneira permanente. Os mais comuns são:

PIGMENTO	COR
Carbono (carvão)	Preto
Sulfeto de mercúrio	Preto
Sais de cádmio	Amarelo ou vermelho
Sais de cromo	Verde
Sais de cobalto	Azul
Sais de ferro	Castanho, rosa e amarelo
Óxido de titânio	Branco

Quando uma pessoa decide fazer esse tipo de tatuagem, deve estar consciente de que o processo é doloroso e pode trazer riscos à saúde. As agulhas devem ser descartáveis, pois uma agulha contaminada pode transmitir doenças, como hepatites B e C e AIDS. A remoção das tatuagens permanentes também é um processo doloroso e só pode ser feita utilizando-se *laser*, sendo o resultado final não muito satisfatório, pois permanece uma cicatriz.

45

Curiosidades

Maquiagem "definitiva"

É um tipo de tatuagem usada com finalidade médica para corrigir pequenas anormalidades, geralmente no rosto, ou com fins estéticos para, por exemplo, realçar sobrancelhas, fazer um pequeno traço sob os olhos, aumentar a espessura dos lábios.

Nesse tipo de maquiagem, utilizam-se sais de ferro, que são substâncias atóxicas. Para evitar a ocorrência de contaminação e reações alérgicas devem ser utilizadas agulhas de dermopigmentação descartáveis.

Quando esse tipo de maquiagem é feita com anestesia, consegue-se introduzir o pigmento de maneira mais profunda. Assim, sua duração é mais prolongada. Normalmente, a cor da maquiagem irá clarear aos poucos e o processo deverá ser repetido.

O cabelo

Anatomia

O cabelo é um tipo de pelo presente no couro cabeludo.

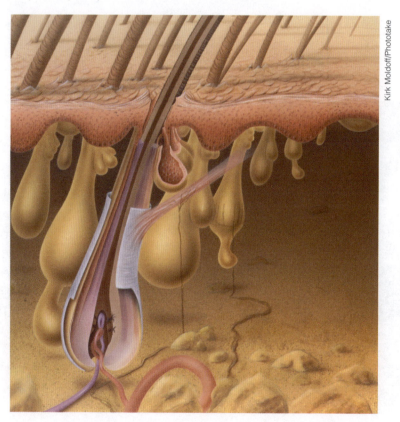

Cada fio de cabelo é constituído por três partes: medula, córtex e cutícula.

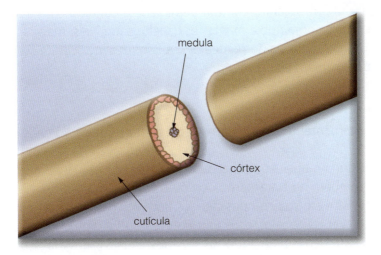

- **Medula:** parte central do cabelo.
- **Córtex:** parte intermediária, responsável pela elasticidade e cor do cabelo.
- **Cutícula:** parte externa do fio, responsável por sua proteção.

Curiosidades

- Um adulto possui cerca de 150 mil fios de cabelo na cabeça.
- O fio de cabelo cresce cerca de 2 cm por mês.
- Apenas três meses após a fecundação, já nascem os primeiros fios de cabelo no feto.
- No corpo humano, só não existem folículos na palma da mão e na planta do pé.
- O número total de fios, incluindo todos os pelos do corpo, passa de 1 milhão.

Tipos de cabelos e problemas mais comuns

- **Normal:** É o cabelo que se apresenta macio, firme, com brilho e volume adequados.
- **Seco:** Apresenta-se com aspecto ressecado, estirado, quebradiço e sem brilho. Ocorre por disfunção das glândulas sebáceas ou por agentes externos, como: estiramento excessivo, clareamento com água oxigenada, uso de loções alcalinas e xampus com grande ação detergente.
  Para tratar este tipo de cabelo, utilizam-se compostos derivados de gorduras (por exemplo, a lanolina), ácidos orgânicos (como os ácidos acético, lático e cítrico), vitaminas, proteínas, surfactantes catiônicos.
  Um fato interessante: o uso dos ácidos retira a alcalinidade residual do cabelo e restabelece o pH, o que, por sua vez, restabelece o brilho.
- **Oleoso:** Apresenta-se com aparência oleosa, o que se deve a secreção em excesso produzida pelas glândulas sebáceas e sudoríparas. A sujeira acumula-se facilmente e, como a gordura pode ser degradada, causa um odor desagradável. Cabelos oleosos estão, muitas vezes, associados à caspa e à sensação de coceira.

Limpeza

Lavar os cabelos é um outro hábito comum de higiene e cuidado com a aparência.

Com a limpeza, o que se pretende é manter os cabelos saudáveis, macios, sem sinais de oleosidade, volumosos, com brilho e fáceis de pentear. Para isso, desenvolveram-se produtos denominados **xampus** e **condicionadores**.

Xampu

Apresenta ação detergente: remove o excesso de gordura (sebo) do cabelo e a sujeira que fica no couro cabeludo.

Antes, os xampus tinham apenas a função de lavar os cabelos. Hoje, além dessa função básica, eles são utilizados também no tratamento do couro cabeludo e dos cabelos.

Os xampus apresentam em sua composição um número maior de componentes do que os de um sabonete. Se você lavar os cabelos com sabonete e não enxaguar adequadamente, uma fina película de sabonete ficará depositada sobre os fios dos cabelos, tirando seu brilho natural e sua maleabilidade. Além disso, os sabonetes, em geral, têm pH em torno de 10 (caráter básico), enquanto os cabelos têm um pH por volta de 5,5 (caráter ácido). Isso pode danificar o cabelo.

Um dos componentes mais importantes dos xampus são os surfactantes, substâncias responsáveis pela eliminação da oleosidade.

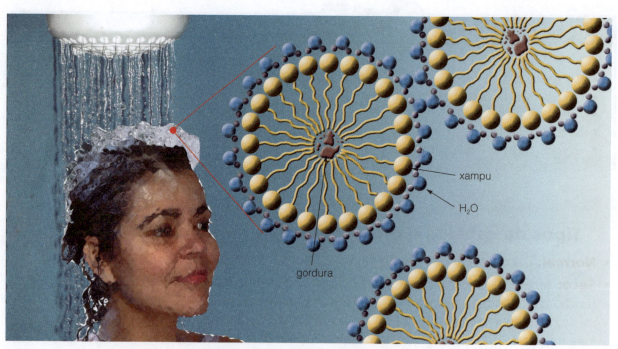

A ilustração mostra as interações entre a gordura, o xampu e a água.

Existem vários tipos de surfactantes.

- não iônico (neutro):

- iônicos:

catiônico

$\left[\begin{array}{c} \text{CH}_3(\text{CH}_2)_n\text{—N}^+(\text{CH}_3)_3 \end{array} \right] C\ell^-$

aniônico

CH$_3$(CH$_2$)$_n$—C$_6$H$_4$—SO$_3^-$Na$^+$

anfotérico

CH$_3$(CH$_2$)$_n$—N$^+$H$_2$—CH$_2$—COO$^-$

Curiosidades

Xampus que não ardem nos olhos

Até a Segunda Guerra Mundial, os sabões eram o principal componente dos xampus. Nos xampus modernos, o agente de limpeza são os detergentes, comumente aniônicos (iguais aos usados nos cremes dentais).

Os xampus infantis contêm detergentes anfotéricos, que apresentam uma parte catiônica e uma parte aniônica:

H_3C—$(CH_2)_{14}$—CH_2—$\overset{H}{\underset{H}{N^\oplus}}$—$CH_2$—$C\overset{O}{\underset{O^\ominus}{}}$

Em meio ácido, essas partes capturam o íon H$^+$ e, em soluções básicas, liberam um dos hidrogênios(H) ligados ao nitrogênio. Tais estruturas são menos irritantes para os olhos, mantendo o pH próximo ao pH da lágrima.

USSAL

A maioria dos xampus contém surfactante aniônico, que produz maior quantidade de espuma do que os outros surfactantes. Entre os mais usados temos o lauril ou dodecilsulfato de sódio, cuja estrutura pode ser representada por:

H$_3$C—CH$_2$—CH$_2$—CH$_2$—CH$_2$—CH$_2$—CH$_2$—CH$_2$—CH$_2$—CH$_2$—CH$_2$—CH$_2$—OSO$_3^-$Na$^+$

ou

CH$_3$(CH$_2$)$_{11}$—OSO$_3^-$Na$^+$

49

Como a espuma formada por esse surfactante se desfaz rapidamente, é adicionado a ele um surfactante não-iônico. Assim, obtém-se uma grande quantidade de espuma, formada por pequenas bolhas, que permanece por mais tempo.

Além dos surfactantes (tensoativos), nos xampus também encontramos:

- **Espessante:** tem a propriedade de aumentar a viscosidade e facilitar a aplicação do xampu. Os mais comuns são o cloreto de sódio (NaCℓ) e os alginatos.

- **Sobre-engordurante:** tem a propriedade de repor parte da gordura removida pelo surfactante, facilitando o penteado. Os mais comuns são a lanolina, extraída da lã do carneiro, e a dietanolamida, cujas fórmulas podem ser representadas por:

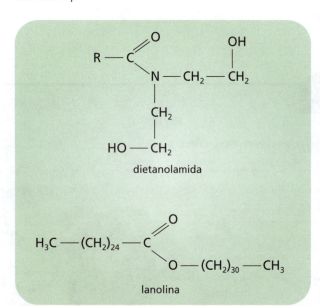

CUIDADO!!!

Nem sempre um xampu que contém lanolina é o mais apropriado para você.

Em algumas pessoas, a lanolina pode causar um processo alérgico, provocando prurido (coceira) e eczema local.

Normalmente, esses sintomas desaparecem ao deixar de se usar o xampu.

- **Estabilizador de pH:** tem a propriedade de manter o pH do xampu entre 5,5 e 6,5. O mais comum é o ácido cítrico.

As frutas cítricas contêm ácido cítrico.

Essências, corantes e outros aditivos caracterizam os diferentes tipos de xampu.

Entre os mais comercializados temos xampus para cabelos normais, secos e oleosos. A composição básica é a mesma, com variações nas concentrações de seus componentes.

Os xampus medicinais apresentam composições específicas, de acordo com o problema apresentado pelo paciente. Por exemplo, nos xampus anticaspa podemos encontrar: própolis, ácido salicílico, salicilatos, sais de selênio, zinco, cobre e enxofre.

Condicionadores

Se não enxaguarmos os cabelos adequadamente para remover todo o xampu usado na lavagem, parte desse xampu ficará aderida aos cabelos.

Como os xampus são, geralmente, aniônicos e aderem aos cabelos, atribuem-lhes cargas negativas e depois da lavagem ocorre repulsão entre eles.

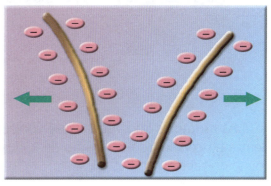

As cargas negativas depositadas nos cabelos provocam repulsão entre os fios.

Para eliminar ou, pelo menos, diminuir essa repulsão, usamos os condicionadores. Geralmente, eles apresentam na sua composição surfactantes catiônicos de sais quaternários de amônio.

Esse tipo de composto, por apresentar cargas positivas, neutraliza as cargas negativas depositadas nos cabelos, diminuindo a repulsão entre os fios.

O condicionador isolado é mais efetivo do que os que se apresentam associados aos xampus.

Ao surfactante catiônico também podem ser associados álcoois graxos, ceras e ésteres graxos para servirem de lubrificantes.

Cor do cabelo

É comum imaginar que a parte responsável pela cor do cabelo seja a cutícula, formada pela proteína denominada queratina.

A queratina está presente, por exemplo, na constituição de várias partes de animais: unhas e garras, bicos, chifres, cascos etc.

Na verdade, a queratina é responsável pelo brilho de nosso cabelo. As cadeias de queratina formam placas, que se dispõem de maneira organizada e refletem a luz. Qualquer alteração na organização dessas placas diminui sua capacidade de reflexão da luz e provoca perda do brilho dos fios. As alterações podem ser provocadas, por exemplo, por uma variação de pH ou pela exposição excessiva ao sol.

Na ilustração, pode-se perceber as placas de queratina organizadas em um fio de cabelo.

As estruturas responsáveis pela cor do cabelo são as proteínas denominadas melaninas, presentes no córtex dos fios. Dentro do córtex, as melaninas formam cadeias que originam fibras ao longo do cabelo.

Esquema de corte transversal de um fio de cabelo, onde as partes escuras representam secções das fibras das melaninas.

Geralmente, a cor do cabelo é associada à cor da pele:
- Pessoas de pele escura → cabelos castanho-escuros ou pretos.
- Pessoas de pele clara → cabelos castanho-claros, ruivos ou loiros.

No entanto, a cor do cabelo depende da combinação dos quatro diferentes tipos de melanina.

Conforme as pessoas envelhecem, é comum o aparecimento de cabelos brancos. Isso normalmente acontece após os quarenta anos, por causa da diminuição de pigmento na haste do cabelo.

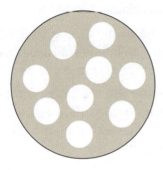

Na ilustração, os espaços em branco (vazios) representam a ausência de melanina.

O aspecto acinzentado (grisalho) ocorre porque cabelos escuros ficam intercalados com cabelos brancos.

Mudanças na cor dos cabelos

Na foto, *punks* com os cabelos tingidos: também uma forma de afirmação no grupo e de diferenciação na sociedade.

É muito comum, atualmente, as pessoas mudarem a cor de seus cabelos.

Existem registros mostrando que isso já era feito desde o primeiro século da nossa era. Os saxões pintavam cabelos e barba de azul, verde ou alaranjado. Na corte francesa, já no final do século XVIII, para tingir os cabelos eram usadas as cores branca, amarela, violeta e rosa, mas a azul era a preferida.

A maioria dos pigmentos utilizados nas tinturas de cabelo são de origem vegetal. Também se utilizam sais de metais, que podem ser tóxicos.

Curiosidades

Tingir ou não?

Cientistas norte-americanos associaram o uso contínuo de tinturas nos cabelos ao aumento do risco na incidência de câncer e de artrite reumatoide.

Porém, a Sociedade Americana de Câncer publicou um trabalho mostrando que não havia evidências que pudessem ligar o uso de tinturas de cabelo ao câncer.

53

Normalmente, o tingimento dos cabelos é feito para esconder os cabelos brancos ou para mudar a cor original, de acordo com o gosto pessoal ou, até, por razões profissionais (no caso de atores e atrizes, na composição de personagens, por exemplo).

Existem vários tipos de tinturas que podem ser utilizadas. São elas:

- **Tinturas temporárias:** São compostas de ácidos de alta massa molar que se depositam na superfície do cabelo, sem penetrar na fibra. Essas tinturas são geralmente utilizadas para cobrir cabelos grisalhos ou mudar a cor apenas temporariamente, pois saem com o uso de xampus.
- **Tinturas progressivas:** São compostas de soluções aquosas de sais metálicos. A mais comum é uma solução aquosa de acetato de chumbo. Nesse processo, utilizado para escurecer cabelos grisalhos, o chumbo combina com o enxofre disperso e com o que está presente nas proteínas do cabelo, formando o sulfeto de chumbo, que apresenta cor preta.

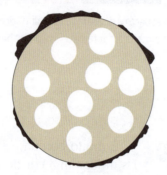 

O sulfeto de chumbo adere à superfície do cabelo e penetra nos fios, preenchendo os espaços vazios, anteriormente ocupados pela melanina.

Como o sulfeto de chumbo é muito pouco solúvel em água, esse tipo de tintura permanece mais tempo do que outras.

CUIDADO!!!

O chumbo é considerado um metal "pesado" e seu acúmulo no organismo pode causar anemia, dificuldade no aprendizado (por ter ação neurotóxica) e atrofia muscular.

- **Tinturas semipermanentes:** São pigmentos que permanecem nos fios por um período maior (5 ou 6 lavagens, aproximadamente) do que as tinturas temporárias, porque penetram parcialmente nas fibras do cabelo. Por causa dessa facilidade em penetrar nos fios, essas tinturas são aplicadas em quantidade reduzida, junto com peróxido de hidrogênio (H_2O_2), comercializado com o nome de água oxigenada.
No interior da fibra, o pigmento sofre oxidação com o oxigênio do ar ou do peróxido de hidrogênio, em meio alcalino, produzindo a cor. Como a forma oxidada tem dificuldade de atravessar a fibra, permanece no seu interior por um período maior.
- **Tinturas permanentes:** São formadas por moléculas pequenas com grande facilidade de penetrar na fibra do cabelo. No interior da fibra, ao sofrerem a oxidação com o peróxido de hidrogênio (H_2O_2), ocorre a união dessas pequenas moléculas, dando origem a grandes estruturas moleculares, que permanecem no interior da fibra por um tempo muito mais prolongado.

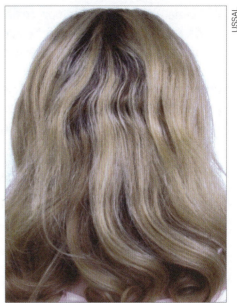

O clareamento dos cabelos está associado à busca de um padrão de beleza. Porém, o uso indiscriminado de produtos para tal finalidade pode causar sérios danos aos cabelos.

Outra forma de mudar a cor do cabelo, muito difundida, é o **clareamento**, que consiste numa reação de óxidorredução. Nesse processo, utiliza-se peróxido de hidrogênio dissolvido em solução de amônia com pH maior do que 9.

As grandes cadeias de melanina são degradadas, originando moléculas de baixa massa molecular e que apresentam a coloração menos intensa. Paralelamente, ocorre também a quebra de proteínas do cabelo, tornando-o mais fraco e quebradiço.

Curiosidades

Cabelos verdes?

Na maioria das vezes, a mudança na cor dos cabelos é voluntária, mas ela pode também ocorrer involuntariamente.

Uma alteração involuntária pode ocorrer com a exposição prolongada ao sol, que pode clarear os cabelos. Outra alteração é o aparecimento de uma coloração esverdeada nos cabelos de frequentadores de piscina, pois nessa água é acrescentado cloro para combater a proliferação de micro-organismos que podem ser nocivos à saúde. O fator responsável por essa mudança é a combinação da água clorada da piscina com algicidas que contêm íons cobre. Essa cor esverdeada produzida pelos íons cobre desaparece gradualmente com a lavagem dos cabelos.

Forma dos cabelos e sua mudança

Um fio de cabelo pode ser liso, suavemente ondulado ou bastante cacheado. Seu formato depende da combinação de diversas forças que atuam na queratina. Entre elas, as mais importantes são:
- pontes de dissulfeto;
- pontes de hidrogênio (ligações de hidrogênio).

Se agirmos sobre essas forças, podemos modificar o formato dos fios de cabelo. Um rearranjo da estrutura do cabelo ocorre, por exemplo, quando eles estão molhados. As moléculas de água alteram as pontes de hidrogênio existentes nos cabelos secos, além de produzirem novas pontes de hidrogênio entre o cabelo e a água da lavagem.

55

Uma alteração por tempo maior de duração pode ser obtida pela realização de uma **"permanente"**, que acentua ondas e cachos do cabelo. Nesse processo, usam-se duas substâncias. Inicialmente, aplica-se ao cabelo uma loção contendo ácido tioglicólico, que é um agente redutor. Esse ácido quebra as pontes de dissulfeto reduzindo-as a grupos —SH, separando as cadeias que formam a queratina.

Mudança na forma dos cabelos pode ser obtida com um processo conhecido por "permanente", que, na realidade, não é definitivo, apenas mais duradouro.

A seguir enrolam-se os cabelos em peças cilíndricas (**bóbis**), dando-lhes um formato enrolado. Aos cabelos enrolados nos bóbis aplica-se um agente oxidante, como a água oxigenada, que regenera as pontes de dissulfeto nesse novo formato.

Como se pode perceber pelo esquema, nem todas as pontes de dissulfeto são regeneradas, o que dá ao cabelo um formato ondulado maior que o inicial. Esse processo deve ser repetido periodicamente quando se desejar manter o efeito, conforme o crescimento do cabelo.

O mesmo processo pode ser usado para alisar cabelos muito ondulados. A mudança no formato do cabelo depende de como são arrumados entre a aplicação do ácido glicólico e da água oxigenada.

Curiosidades

Os cabelos precisam de proteínas?

Após o uso contínuo de substâncias para mudar a cor e o formato dos cabelos (tinturas, permanentes, alisamentos e descolorações), podem ocorrer danos às proteínas naturais dos fios. Nesses casos, o uso de hidrolizados proteicos, que são fragmentos de proteínas em água, ajudam na sua recuperação.

A absorção desses fragmentos proteicos é tanto maior quanto mais prejudicados estão os cabelos.

Os dentes

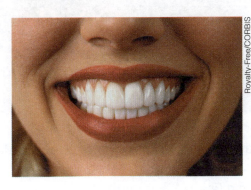

Os dentes são estruturas essenciais para a mastigação dos alimentos e, portanto, para a sobrevivência do ser humano. Por isso, devem ser muito bem cuidados.

A preocupação com a saúde dos dentes não é tão recente quanto se pode pensar.
Para a limpeza dos dentes, os egípcios antigos já usavam, por volta de 2000 a.C., uma mistura abrasiva constituída de pedra-pomes pulverizada e vinagre.

A pedra-pomes é formada por aproximadamente 70% de SiO_2 (óxido de silício) e 30% de $A\ell_2O_3$ (óxido de alumínio).

Para aplicar essa mistura, os mais ricos utilizavam uma escova feita de pelo de cavalo e os mais pobres usavam os dedos ou pequenos ramos de árvores.

Na China, por volta de 300 a 500 a.C., era usada para limpeza dos dentes uma mistura de cinza de ossos de boi, arroz triturado (em pó) e casca de ovos (em pó). O principal componente da casca do ovo é o carbonato de cálcio (CaCO₃).

Um creme dental semelhante aos de hoje só foi criado no final do século XIX, por um dentista americano.

Anatomia

Os dentes são importantes no processo de mastigação, para a ingestão de alimentos. São estruturas mineralizadas, esbranquiçadas, resistentes e estão implantados na mandíbula e nas maxilas. Anatomicamente, são formados por três partes: coroa, colo e raiz.

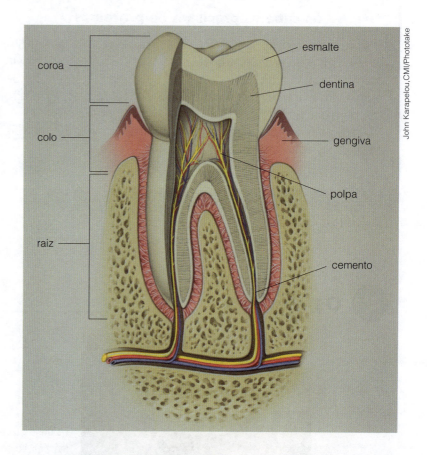

- **Coroa:** É a parte visível do dente, responsável pela mastigação. Ela é revestida pelo esmalte, o material mais duro que existe no corpo humano.
- **Colo:** É a região de transição entre a coroa e a raiz.
- **Raiz:** É a parte interna do dente que se fixa no osso, suportando o impacto da mastigação. Os dentes podem ter uma ou mais raízes.

Na estrutura do dente, encontramos esmalte, dentina, polpa e cemento.

As terminações nervosas estão localizadas na dentina e na polpa. Quando essas estruturas são atingidas por processos infecciosos, como a cárie, provocam vários níveis de dor.

A dor da dentina é diferente da dor da polpa: na primeira, sentimos dor ao comer doces ou alimentos frios e/ou quentes; na segunda, a dor é forte, contínua, pulsátil, espontânea e muito mais intensa.

Limpeza

Ao escovarmos os dentes com creme dental, observamos a formação de uma grande quantidade de espuma, o que nos leva a pensar que ela seja a única responsável pela limpeza dos dentes.

A formação de espuma se deve ao fato de os cremes dentais apresentarem, na sua composição, o laurilsulfato de sódio:

$$\text{~~~~~~OSO}_3\text{Na}^+$$

Essa substância também é um dos componentes dos xampus. No entanto, esse surfactante não é o ingrediente mais importante no creme dental. Para que um dentifrício seja eficiente, ele precisa apresentar um abrasivo.

Para entendermos melhor o que é um abrasivo e por que ele é importante para a limpeza dos dentes, precisamos entender alguns detalhes sobre a química dos dentes.

O principal componente do esmalte do dente é um sal denominado hidroxiapatita, cuja fórmula pode ser representada por $Ca_5(PO_4)_3OH$. A hidroxipatita é dura, praticamente insolúvel em água, mas pode ser atacada por ácidos.

A partir das proteínas existentes em nossa saliva, forma-se uma camada invisível sobre os dentes, na qual se acumulam as diferentes bactérias presentes na boca. A esse conjunto dá-se o nome de **placa bacteriana (biofilme)**. As proteínas e os açúcares que consumimos servem de alimento para as bactérias.

Alguns tipos de bactérias, ao metabolizar os açúcares, produzem ácidos (entre eles, o ácido lático) que irão atacar os dentes, dissolvendo o esmalte e provocando a cárie.

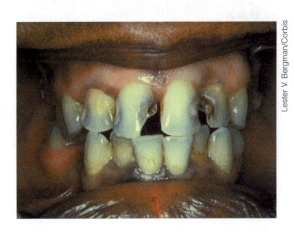

A cárie é uma doença infectocontagiosa, isto é, pode ser transmitida de um indivíduo para outro. Os fatores que propiciam o aparecimento da cárie são: má higiene bucal, dieta alimentar incorreta, fluxo salivar, micro-organismos etc.

Grande parte da população é afetada pelo processo de dissolução da hidroxiapatita, chamado de **desmineralização**, que forma cavidades nos dentes, o que pode originar a cárie.

O fenômeno que ocorre com a hidroxiapatita nos dentes pode ser representado por:

$$Ca_5(PO_4)_3OH_{(s)} \underset{\text{mineralização}}{\overset{\text{desmineralização}}{\rightleftarrows}} 5\ Ca^{2+}_{(aq)} + 3\ PO^{3-}_{4(aq)} + OH^-_{(aq)}$$

Se, durante a escovação, a placa bacteriana não for removida, teremos a formação de ácidos que originam íons H^+ que, por sua vez, se combinam com as hidroxilas (OH^-), retirando-as do equilíbrio. Esse fato provoca um deslocamento do equilíbrio para a direita, favorecendo a desmineralização.

Curiosidades

Bulimia

A bulimia é uma alteração psicossomática que causa algumas modificações do comportamento humano, principalmente relacionadas à alimentação. Essa alteração pode levar algumas pessoas a provocar vômitos logo após a ingestão de alimentos, com o intuito de evitar sua absorção pelo organismo.

O ácido clorídrico, presente no estômago, é eliminado junto com o vômito, aumentando a acidez da boca, o que favorece a desmineralização. Essa é apenas uma das consequências dos vômitos frequentes.

Como a placa se forma continuamente, deve ser sempre retirada com a escovação e com o fio dental. Nesta etapa, a participação dos abrasivos existentes nos cremes dentais é importante. Quando a placa não é removida, ocorre a deposição de sais minerais sobre os dentes, originando o **tártaro**, estrutura rígida que só pode ser removida pelo dentista.

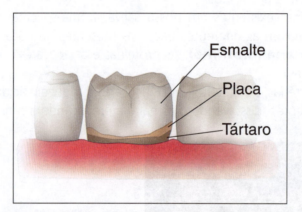

Com a finalidade de proteger o esmalte dos dentes da ação dos ácidos, atualmente podemos utilizar alguns sais de flúor, como:
- $Na_4(PO_4)F$ – monoflúor fosfato de sódio;
- NaF – fluoreto de sódio.

Estes sais estão presentes na água tratada de muitas cidades, em produtos odontológicos e em cremes dentais.

Um dos principais aspectos destacados pelo *marketing* de vários cremes dentais é a indicação da presença de flúor nas embalagens. Este termo, porém, está incorreto: na verdade, todos os cremes dentais contêm o íon fluoreto (F^-).

A presença do flúor tem como finalidade a transformação da hidroxiapatita em fluorapatita $[Ca_5(PO_4)_3F]$, que é ainda menos solúvel em água e menos suscetível ao ataque de ácidos, fortalecendo o esmalte dos dentes.

A quantidade de "flúor" presente nos cremes dentais é da ordem de 1 500 ppm. Isso significa que existem 1 500 gramas de flúor em 1 000 000 gramas do creme dental.

A tabela a seguir mostra os componentes básicos dos cremes dentais.

COMPONENTE ATIVO	ABRASIVO	DETERGENTE	OUTROS
$Na_4(PO_4)F$ NaF	$CaCO_3$ SiO_2	Laurilsulfato de sódio	• água deionizada • aromatizantes • corantes • benzoato de sódio (conservante) • carboximetilcelulose (espessante) • goma • sacarina sódica (adoçante)

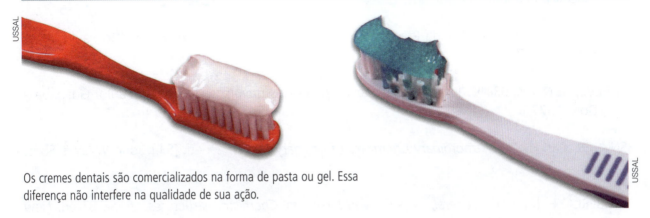

Os cremes dentais são comercializados na forma de pasta ou gel. Essa diferença não interfere na qualidade de sua ação.

Existem cremes dentais com indicações específicas, o que se deve à presença de componentes cujas ações são determinadas.

A ação anticárie está relacionada à presença de sais de flúor.

A ação antitártaro está relacionada à presença de peróxidos e/ou pirofosfatos.

A ação antiplaca bacteriana está relacionada à presença de substâncias antimicrobianas.

Existem ainda cremes dentais com ação clareadora (branqueador) que contêm água oxigenada e, ainda, cremes que contêm bicarbonato de sódio ou hidróxido de magnésio e diminuem a acidez da boca.

Independentemente do creme dental utilizado, o mais importante realmente é a escovação adequada dos dentes.

Devemos escovar os dentes ao acordar, após as refeições e antes de dormir.

BIBLIOGRAFIA

HILL, John W., BAUM, Stuart J., FEIGL, Dorothy M. *Chemistry and life*: an introduction to general, organic and biological Chemistry. 5th ed. New Jersey: Prentice-Hall, 1997.

McMURRY, John. *Organic Chemistry*. 4th ed. California: Brooks/Cole Publishing Co., 1996.

SACKHEIM, George I., LEHMAN, Dennis D. *Chemistry for the health sciences*. 7th ed. New York: Macmillan Publishing Company, 1994.

SAMPAIO, Sebastião de Almeida Prado. *Dermatologia básica – Sampaio*. 2. ed. São Paulo: Artes médicas, 1978.

SHREVE, R. Norris, BRINK, Joseph. *Indústrias de processos químicos*. 4. ed. São Paulo: Guanabara Dois, 1977.

SNYDER, Carl H. *The extraordinary Chemistry of ordinary things*. 2nd ed. [S.l.]: John Wiley & Sons, Inc., [19--].

TIMBERLAKE, Karen C. *General, organic, and biological Chemistry: structures of life*. 8th ed. New Jersey: Pearson Education, Inc./Benjamin Cummings, 2003.

TRO, Nivaldo J. *Introductory Chemistry*. New Jersey: Prentice Hall/Pearson Education, Inc., 2003.

USBERCO, João, SALVADOR, Edgard. *Química – volume único*. 5. ed. São Paulo: Saraiva, 2002.

_____. *Química 1 — Química geral — Ensino Médio*. 10. ed. São Paulo: Saraiva, 2003.

_____. *Química 2 — Físico-química — Ensino Médio*. 8. ed. São Paulo: Saraiva, 2003.

_____. *Química 3 — Química orgânica — Ensino Médio*. 7. ed. São Paulo: Saraiva, 2003.

COLEÇÃO QUÍMICA NO CORPO HUMANO
USBERCO, SALVADOR E JOSEPH

Uma coleção extremamente adequada aos estudantes do ensino médio, permitindo ao professor uma abordagem contextualizada de uma série de conceitos fundamentais em Química a partir de temas envolventes e interessantes.

A coleção **Química no Corpo Humano** tem como principal objetivo abordar temas relacionados ao cotidiano, apresentando aos professores uma proposta inovadora.

Ficha técnica
Apóio didático ao Ensino Médio
Formato: 21 x 28 cm
Aluno: brochura
Professor: brochura

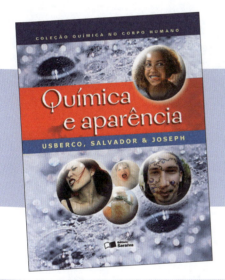

Química e aparência
A química envolvida na higiene pessoal

Este volume explica a composição dos sabonetes, xampus, tratamento e tinturas de cabelos, higiene bucal e desodorantes, dando um panorama geral dos processos químicos envolvidos na higiene pessoal.

A composição dos alimentos
A química envolvida na alimentação

Abrange várias ciências em torno do tema alimentação, não apenas discutindo aspectos biológicos e sociais, mas também, e principalmente, mantendo o foco na química relacionada à alimentação, o que torna este volume da coleção muito rico e interessante.

Conteúdo em destaque
Fotos, ilustrações e boxes explicativos com curiosidades e informações adicionais complementam cada volume da coleção.